IF FOUND PLEASE RETURN TO:

_____
_____
_____
EMAIL: _____
REWARD: _____

January 2022 - December 2022

CALENDAR 2022

JANUARY

S	M	T	W	T	F	S
						1
2	3	4	5	6	7	8
9	10	11	12	13	14	15
16	17	18	19	20	21	22
23	24	25	26	27	28	29
30	31					

FEBRUARY

S	M	T	W	T	F	S
		1	2	3	4	5
6	7	8	9	10	11	12
13	14	15	16	17	18	19
20	21	22	23	24	25	26
27	28					

MARCH

S	M	T	W	T	F	S
		1	2	3	4	5
6	7	8	9	10	11	12
13	14	15	16	17	18	19
20	21	22	23	24	25	26
27	28	29	30	31		

APRIL

S	M	T	W	T	F	S
					1	2
3	4	5	6	7	8	9
10	11	12	13	14	15	16
17	18	19	20	21	22	23
24	25	26	27	28	29	30

MAY

S	M	T	W	T	F	S
1	2	3	4	5	6	7
8	9	10	11	12	13	14
15	16	17	18	19	20	21
22	23	24	25	26	27	28
29	30	31				

JUNE

S	M	T	W	T	F	S
			1	2	3	4
5	6	7	8	9	10	11
12	13	14	15	16	17	18
19	20	21	22	23	24	25
26	27	28	29	30		

JULY

S	M	T	W	T	F	S
					1	2
3	4	5	6	7	8	9
10	11	12	13	14	15	16
17	18	19	20	21	22	23
24	25	26	27	28	29	30
31						

AUGUST

S	M	T	W	T	F	S
	1	2	3	4	5	6
7	8	9	10	11	12	13
14	15	16	17	18	19	20
21	22	23	24	25	26	27
28	29	30	31			

SEPTEMBER

S	M	T	W	T	F	S
				1	2	3
4	5	6	7	8	9	10
11	12	13	14	15	16	17
18	19	20	21	22	23	24
25	26	27	28	29	30	

OCTOBER

S	M	T	W	T	F	S
						1
2	3	4	5	6	7	8
9	10	11	12	13	14	15
16	17	18	19	20	21	22
23	24	25	26	27	28	29
30	31					

NOVEMBER

S	M	T	W	T	F	S
		1	2	3	4	5
6	7	8	9	10	11	12
13	14	15	16	17	18	19
20	21	22	23	24	25	26
27	28	29	30			

DECEMBER

S	M	T	W	T	F	S
				1	2	3
4	5	6	7	8	9	10
11	12	13	14	15	16	17
18	19	20	21	22	23	24
25	26	27	28	29	30	31

US FEDERAL HOLIDAYS

FRIDAY	DEC 31	* NEW YEAR'S DAY
MONDAY	JAN 17	MARTIN LUTHER KING, JR. DAY
MONDAY	FEB 21	WASHINGTON'S BIRTHDAY
MONDAY	MAY 30	MEMORIAL DAY
MONDAY	JUN 20	* JUNETEENTH DAY
MONDAY	JUL 4	INDEPENDENCE DAY
MONDAY	SEP 5	LABOR DAY
MONDAY	OCT 10	COLUMBUS DAY
FRIDAY	NOV 11	VETERANS DAY
THURSDAY	NOV 24	THANKSGIVING DAY
MONDAY	DEC 26	* CHRISTMAS DAY

*If a holiday falls on a Saturday, for most Federal
employees, the preceding Friday will be treated as a holiday

*If a holiday falls on a Sunday, for most Federal employees,
the following Monday will be treated as a holiday for pay and leave purposes.

UK FEDERAL HOLIDAYS

FRIDAY	1 JAN	NEW YEAR'S DAY
MONDAY	17 MAR	ST PATRICK'S DAY (N.IRELAND)
WEDNESDAY	2 APR	GOOD FRIDAY
MONDAY	5 APR	EASTER MONDAY
MONDAY	3 MAY	EARLY MAY BANK HOLIDAY
MONDAY	31 MAY	SPRING BANK HOLIDAY
MONDAY	12 JUL	ORANGEMAN'S DAY (N.IRELAND)
MONDAY	2 AUG	SUMMER B.HOLIDAY (SCOTLAND)
MONDAY	30 AUG	SUMMER B.HOLIDAY
MONDAY	30 NOV	ST ANDREW'S DAY (SCOTLAND)
MONDAY	25 DEC	CHRISTMAS DAY
MONDAY	26 DEC	BOXING DAY

January 2022

Sunday	Monday	Tuesday	Wednesday
2	3	4	5
9	10	11	12
16	17	18	19
23 30	24 31	25	26

"The secret of getting ahead is getting started." - Mark Twain

Thursday	Friday	Saturday
		1
6	7	8
13	14	15
20	21	22
27	28	29

Notes

_____
_____
_____
_____
_____
_____
_____
_____
_____
_____
_____
_____
_____
_____
_____
_____
_____
_____
_____
_____
_____
_____
_____
_____

27 Mon. Dec 27, 2021

28 Tue. Dec 28, 2021

29 Wed. Dec 29, 2021

30 Thu. Dec 30, 2021 _____

_____ ○ _____
_____ ○ _____
_____ ○ _____
_____ ○ _____
_____ ○ _____
_____ ○ _____
_____ ○ _____
_____ ○ _____
_____ ○ _____
_____ ○ _____

31 Fri. Dec 31, 2021 _____

_____ ○ _____
_____ ○ _____
_____ ○ _____
_____ ○ _____
_____ ○ _____
_____ ○ _____
_____ ○ _____
_____ ○ _____
_____ ○ _____
_____ ○ _____

01 Sat. Jan 1, 2022   **02** Sun. Jan 2, 2022

03 Mon. Jan 3, 2022 _____

_____ ○ _____
_____ ○ _____
_____ ○ _____
_____ ○ _____
_____ ○ _____
_____ ○ _____
_____ ○ _____
_____ ○ _____
_____ ○ _____
_____ ○ _____

04 Tue. Jan 4, 2022 _____

_____ ○ _____
_____ ○ _____
_____ ○ _____
_____ ○ _____
_____ ○ _____
_____ ○ _____
_____ ○ _____
_____ ○ _____
_____ ○ _____
_____ ○ _____

05 Wed. Jan 5, 2022 _____

_____ ○ _____
_____ ○ _____
_____ ○ _____
_____ ○ _____
_____ ○ _____
_____ ○ _____
_____ ○ _____
_____ ○ _____
_____ ○ _____
_____ ○ _____

06 Thu. Jan 6, 2022

○
○
○
○
○
○
○
○
○
○

07 Fri. Jan 7, 2022

○
○
○
○
○
○
○
○
○
○

08 Sat. Jan 8, 2022

09 Sun. Jan 9, 2022

10 Mon. Jan 10, 2022 _____

○ _____
○ _____
○ _____
○ _____
○ _____
○ _____
○ _____
○ _____
○ _____
○ _____

11 Tue. Jan 11, 2022 _____

○ _____
○ _____
○ _____
○ _____
○ _____
○ _____
○ _____
○ _____
○ _____
○ _____

12 Wed. Jan 12, 2022 _____

○ _____
○ _____
○ _____
○ _____
○ _____
○ _____
○ _____
○ _____
○ _____
○ _____

13 Thu. Jan 13, 2022

14 Fri. Jan 14, 2022

15 Sat. Jan 15, 2022

16 Sun. Jan 16, 2022

17 Mon. Jan 17, 2022

18 Tue. Jan 18, 2022

19 Wed. Jan 19, 2022

20 Thu. Jan 20, 2022 ——————————

——————————— ○ ———————————
——————————— ○ ———————————
——————————— ○ ———————————
——————————— ○ ———————————
——————————— ○ ———————————
——————————— ○ ———————————
——————————— ○ ———————————
——————————— ○ ———————————
——————————— ○ ———————————
——————————— ○ ———————————

21 Fri. Jan 21, 2022 ——————————

——————————— ○ ———————————
——————————— ○ ———————————
——————————— ○ ———————————
——————————— ○ ———————————
——————————— ○ ———————————
——————————— ○ ———————————
——————————— ○ ———————————
——————————— ○ ———————————
——————————— ○ ———————————
——————————— ○ ———————————

22 Sat. Jan 22, 2022   **23** Sun. Jan 23, 2022

24 Mon. Jan 24, 2022

○
○
○
○
○
○
○
○
○
○

25 Tue. Jan 25, 2022

○
○
○
○
○
○
○
○
○
○

26 Wed. Jan 26, 2022

○
○
○
○
○
○
○
○
○
○

27 Thu. Jan 27, 2022

28 Fri. Jan 28, 2022

29 Sat. Jan 29, 2022

30 Sun. Jan 30, 2022

February 2022

Sunday	Monday	Tuesday	Wednesday
		1	2
6	7	8	9
13	14	15	16
20	21	22	23
27	28		

"The best time to plant a tree was 20 years ago. The second best time is now." - Chinese Proverb

Thursday 3	Friday 4	Saturday 5	Notes
10	11	12	
17	18	19	
24	25	26	

31 Mon. Jan 31, 2022 _____

_____   ○ _____
_____   ○ _____
_____   ○ _____
_____   ○ _____
_____   ○ _____
_____   ○ _____
_____   ○ _____
_____   ○ _____
_____   ○ _____
_____   ○ _____

01 Tue. Feb 1, 2022 _____

_____   ○ _____
_____   ○ _____
_____   ○ _____
_____   ○ _____
_____   ○ _____
_____   ○ _____
_____   ○ _____
_____   ○ _____
_____   ○ _____
_____   ○ _____

02 Wed. Feb 2, 2022 _____

_____   ○ _____
_____   ○ _____
_____   ○ _____
_____   ○ _____
_____   ○ _____
_____   ○ _____
_____   ○ _____
_____   ○ _____
_____   ○ _____
_____   ○ _____

03 Thu. Feb 3, 2022

- ○
- ○
- ○
- ○
- ○
- ○
- ○
- ○
- ○
- ○

04 Fri. Feb 4, 2022

- ○
- ○
- ○
- ○
- ○
- ○
- ○
- ○
- ○
- ○

05 Sat. Feb 5, 2022

06 Sun. Feb 6, 2022

07 Mon. Feb 7, 2022

○
○
○
○
○
○
○
○
○
○

08 Tue. Feb 8, 2022

○
○
○
○
○
○
○
○
○
○

09 Wed. Feb 9, 2022

○
○
○
○
○
○
○
○
○
○

10 Thu. Feb 10, 2022

○
○
○
○
○
○
○
○
○
○

11 Fri. Feb 11, 2022

○
○
○
○
○
○
○
○
○
○

12 Sat. Feb 12, 2022

13 Sun. Feb 13, 2022

14 Mon. Feb 14, 2022

○
○
○
○
○
○
○
○
○
○

15 Tue. Feb 15, 2022

○
○
○
○
○
○
○
○
○
○

16 Wed. Feb 16, 2022

○
○
○
○
○
○
○
○
○
○

17 Thu. Feb 17, 2022 ———————————————

——————————————— ○ ———————————————
——————————————— ○ ———————————————
——————————————— ○ ———————————————
——————————————— ○ ———————————————
——————————————— ○ ———————————————
——————————————— ○ ———————————————
——————————————— ○ ———————————————
——————————————— ○ ———————————————
——————————————— ○ ———————————————
——————————————— ○ ———————————————

18 Fri. Feb 18, 2022 ———————————————

——————————————— ○ ———————————————
——————————————— ○ ———————————————
——————————————— ○ ———————————————
——————————————— ○ ———————————————
——————————————— ○ ———————————————
——————————————— ○ ———————————————
——————————————— ○ ———————————————
——————————————— ○ ———————————————
——————————————— ○ ———————————————
——————————————— ○ ———————————————

19 Sat. Feb 19, 2022   **20** Sun. Feb 20, 2022

21 Mon. Feb 21, 2022

22 Tue. Feb 22, 2022

23 Wed. Feb 23, 2022

24 Thu. Feb 24, 2022

○
○
○
○
○
○
○
○
○
○

25 Fri. Feb 25, 2022

○
○
○
○
○
○
○
○
○
○

26 Sat. Feb 26, 2022

27 Sun. Feb 27, 2022

March 2022

Sunday	Monday	Tuesday	Wednesday
		1	2
6	7	8	9
13	14	15	16
20	21	22	23
27	28	29	30

"It's hard to beat a person who never gives up." - Babe Ruth

Thursday 3	Friday 4	Saturday 5	Notes
10	11	12	
17	18	19	
24	25	26	
31			

28 Mon. Feb 28, 2022

○
○
○
○
○
○
○
○
○
○
○

01 Tue. Mar 1, 2022

○
○
○
○
○
○
○
○
○
○

02 Wed. Mar 2, 2022

○
○
○
○
○
○
○
○
○
○

03 Thu. Mar 3, 2022

_____ ⚬ _____
_____ ⚬ _____
_____ ⚬ _____
_____ ⚬ _____
_____ ⚬ _____
_____ ⚬ _____
_____ ⚬ _____
_____ ⚬ _____
_____ ⚬ _____
_____ ⚬ _____

04 Fri. Mar 4, 2022

_____ ⚬ _____
_____ ⚬ _____
_____ ⚬ _____
_____ ⚬ _____
_____ ⚬ _____
_____ ⚬ _____
_____ ⚬ _____
_____ ⚬ _____
_____ ⚬ _____
_____ ⚬ _____

05 Sat. Mar 5, 2022

06 Sun. Mar 6, 2022

07 Mon. Mar 7, 2022

- ○
- ○
- ○
- ○
- ○
- ○
- ○
- ○
- ○
- ○

08 Tue. Mar 8, 2022

- ○
- ○
- ○
- ○
- ○
- ○
- ○
- ○
- ○
- ○

09 Wed. Mar 9, 2022

- ○
- ○
- ○
- ○
- ○
- ○
- ○
- ○
- ○
- ○

10 Thu. Mar 10, 2022

○
○
○
○
○
○
○
○
○
○

11 Fri. Mar 11, 2022

○
○
○
○
○
○
○
○
○
○

12 Sat. Mar 12, 2022

13 Sun. Mar 13, 2022

14   Mon. Mar 14, 2022 ———————————

———————————————— ○ ————————
———————————————— ○ ————————
———————————————— ○ ————————
———————————————— ○ ————————
———————————————— ○ ————————
———————————————— ○ ————————
———————————————— ○ ————————
———————————————— ○ ————————
———————————————— ○ ————————
———————————————— ○ ————————

15   Tue. Mar 15, 2022 ———————————

———————————————— ○ ————————
———————————————— ○ ————————
———————————————— ○ ————————
———————————————— ○ ————————
———————————————— ○ ————————
———————————————— ○ ————————
———————————————— ○ ————————
———————————————— ○ ————————
———————————————— ○ ————————
———————————————— ○ ————————

16   Wed. Mar 16, 2022 ———————————

———————————————— ○ ————————
———————————————— ○ ————————
———————————————— ○ ————————
———————————————— ○ ————————
———————————————— ○ ————————
———————————————— ○ ————————
———————————————— ○ ————————
———————————————— ○ ————————
———————————————— ○ ————————
———————————————— ○ ————————

17 Thu. Mar 17, 2022

18 Fri. Mar 18, 2022

19 Sat. Mar 19, 2022

20 Sun. Mar 20, 2022

21 Mon. Mar 21, 2022

○
○
○
○
○
○
○
○
○
○

22 Tue. Mar 22, 2022

○
○
○
○
○
○
○
○
○
○

23 Wed. Mar 23, 2022

○
○
○
○
○
○
○
○
○
○

24 Thu. Mar 24, 2022

○
○
○
○
○
○
○
○
○
○

25 Fri. Mar 25, 2022

○
○
○
○
○
○
○
○
○
○

26 Sat. Mar 26, 2022

27 Sun. Mar 27, 2022

28 Mon. Mar 28, 2022 ———————————

○ ————————————
○ ————————————
○ ————————————
○ ————————————
○ ————————————
○ ————————————
○ ————————————
○ ————————————
○ ————————————
○ ————————————

29 Tue. Mar 29, 2022 ———————————

○ ————————————
○ ————————————
○ ————————————
○ ————————————
○ ————————————
○ ————————————
○ ————————————
○ ————————————
○ ————————————
○ ————————————

30 Wed. Mar 30, 2022 ———————————

○ ————————————
○ ————————————
○ ————————————
○ ————————————
○ ————————————
○ ————————————
○ ————————————
○ ————————————
○ ————————————
○ ————————————

For a better month view this page is left blank.

April 2022

Sunday	Monday	Tuesday	Wednesday
3	4	5	6
10	11	12	13
17	18	19	20
24	25	26	27

"People who wonder if the glass is half empty or full miss the point. The glass is refillable" - Unknown

Thursday	Friday	Saturday
	1	2
7	8	9
14	15	16
21	22	23
28	29	30

Notes

_____
_____
_____
_____
_____
_____
_____
_____
_____
_____
_____
_____
_____
_____
_____
_____
_____
_____
_____
_____
_____
_____
_____
_____
_____
_____

For a better week view this page is left blank.

31 Thu. Mar 31, 2022

○
○
○
○
○
○
○
○
○
○

01 Fri. Apr 1, 2022

○
○
○
○
○
○
○
○
○
○

02 Sat. Apr 2, 2022

03 Sun. Apr 3, 2022

04 Mon. Apr 4, 2022

- ◯
- ◯
- ◯
- ◯
- ◯
- ◯
- ◯
- ◯
- ◯
- ◯

05 Tue. Apr 5, 2022

- ◯
- ◯
- ◯
- ◯
- ◯
- ◯
- ◯
- ◯
- ◯
- ◯

06 Wed. Apr 6, 2022

- ◯
- ◯
- ◯
- ◯
- ◯
- ◯
- ◯
- ◯
- ◯
- ◯

07 Thu. Apr 7, 2022

○
○
○
○
○
○
○
○
○
○

08 Fri. Apr 8, 2022

○
○
○
○
○
○
○
○
○
○

09 Sat. Apr 9, 2022

10 Sun. Apr 10, 2022

11 Mon. Apr 11, 2022 ──────────────

────────────────── ○ ──────────────
────────────────── ○ ──────────────
────────────────── ○ ──────────────
────────────────── ○ ──────────────
────────────────── ○ ──────────────
────────────────── ○ ──────────────
────────────────── ○ ──────────────
────────────────── ○ ──────────────
────────────────── ○ ──────────────
────────────────── ○ ──────────────

12 Tue. Apr 12, 2022 ──────────────

────────────────── ○ ──────────────
────────────────── ○ ──────────────
────────────────── ○ ──────────────
────────────────── ○ ──────────────
────────────────── ○ ──────────────
────────────────── ○ ──────────────
────────────────── ○ ──────────────
────────────────── ○ ──────────────
────────────────── ○ ──────────────
────────────────── ○ ──────────────

13 Wed. Apr 13, 2022 ──────────────

────────────────── ○ ──────────────
────────────────── ○ ──────────────
────────────────── ○ ──────────────
────────────────── ○ ──────────────
────────────────── ○ ──────────────
────────────────── ○ ──────────────
────────────────── ○ ──────────────
────────────────── ○ ──────────────
────────────────── ○ ──────────────
────────────────── ○ ──────────────

14 Thu. Apr 14, 2022

○
○
○
○
○
○
○
○
○
○

15 Fri. Apr 15, 2022

○
○
○
○
○
○
○
○
○
○

16 Sat. Apr 16, 2022

17 Sun. Apr 17, 2022

18 Mon. Apr 18, 2022

- ○
- ○
- ○
- ○
- ○
- ○
- ○
- ○
- ○
- ○

19 Tue. Apr 19, 2022

- ○
- ○
- ○
- ○
- ○
- ○
- ○
- ○
- ○
- ○

20 Wed. Apr 20, 2022

- ○
- ○
- ○
- ○
- ○
- ○
- ○
- ○
- ○
- ○

21 Thu. Apr 21, 2022

22 Fri. Apr 22, 2022

23 Sat. Apr 23, 2022

24 Sun. Apr 24, 2022

25 Mon. Apr 25, 2022

- ○
- ○
- ○
- ○
- ○
- ○
- ○
- ○
- ○
- ○

26 Tue. Apr 26, 2022

- ○
- ○
- ○
- ○
- ○
- ○
- ○
- ○
- ○
- ○

27 Wed. Apr 27, 2022

- ○
- ○
- ○
- ○
- ○
- ○
- ○
- ○
- ○
- ○

28 Thu. Apr 28, 2022

○
○
○
○
○
○
○
○
○
○

29 Fri. Apr 29, 2022

○
○
○
○
○
○
○
○
○
○

30 Sat. Apr 30, 2022

01 Sun. May 1, 2022

May

2022

Sunday	Monday	Tuesday	Wednesday
1	2	3	4
8	9	10	11
15	16	17	18
22	23	24	25
29	30	31	

"Everything you can imagine is real."- Pablo Picasso

Thursday 5	Friday 6	Saturday 7	Notes
12	13	14	
19	20	21	
26	27	28	

02 Mon. May 2, 2022

_____

_____ ○ _____
_____ ○ _____
_____ ○ _____
_____ ○ _____
_____ ○
_____ ○ _____
_____ ○
_____ ○ _____
_____ ○ _____
_____ ○

03 Tue. May 3, 2022

_____

_____ ○ _____
_____ ○ _____
_____ ○ _____
_____ ○ _____
_____ ○
_____ ○ _____
_____ ○
_____ ○ _____
_____ ○ _____
_____ ○

04 Wed. May 4, 2022

_____

_____ ○ _____
_____ ○ _____
_____ ○ _____
_____ ○ _____
_____ ○ _____
_____ ○ _____
_____ ○ _____
_____ ○ _____
_____ ○ _____
_____ ○ _____

05 Thu. May 5, 2022

⎯⎯⎯⎯⎯⎯⎯⎯⎯⎯⎯⎯⎯⎯⎯⎯⎯⎯⎯⎯⎯⎯⎯⎯⎯⎯⎯⎯⎯⎯
⎯⎯⎯⎯⎯⎯⎯⎯⎯⎯⎯⎯⎯⎯⎯⎯⎯⎯⎯   ○ ⎯⎯⎯⎯⎯⎯⎯⎯⎯⎯⎯⎯⎯⎯⎯
⎯⎯⎯⎯⎯⎯⎯⎯⎯⎯⎯⎯⎯⎯⎯⎯⎯⎯⎯   ○ ⎯⎯⎯⎯⎯⎯⎯⎯⎯⎯⎯⎯⎯⎯⎯
⎯⎯⎯⎯⎯⎯⎯⎯⎯⎯⎯⎯⎯⎯⎯⎯⎯⎯⎯   ○ ⎯⎯⎯⎯⎯⎯⎯⎯⎯⎯⎯⎯⎯⎯⎯
⎯⎯⎯⎯⎯⎯⎯⎯⎯⎯⎯⎯⎯⎯⎯⎯⎯⎯⎯   ○ ⎯⎯⎯⎯⎯⎯⎯⎯⎯⎯⎯⎯⎯⎯⎯
⎯⎯⎯⎯⎯⎯⎯⎯⎯⎯⎯⎯⎯⎯⎯⎯⎯⎯⎯   ○ ⎯⎯⎯⎯⎯⎯⎯⎯⎯⎯⎯⎯⎯⎯⎯
⎯⎯⎯⎯⎯⎯⎯⎯⎯⎯⎯⎯⎯⎯⎯⎯⎯⎯⎯   ○ ⎯⎯⎯⎯⎯⎯⎯⎯⎯⎯⎯⎯⎯⎯⎯
⎯⎯⎯⎯⎯⎯⎯⎯⎯⎯⎯⎯⎯⎯⎯⎯⎯⎯⎯   ○ ⎯⎯⎯⎯⎯⎯⎯⎯⎯⎯⎯⎯⎯⎯⎯
⎯⎯⎯⎯⎯⎯⎯⎯⎯⎯⎯⎯⎯⎯⎯⎯⎯⎯⎯   ○ ⎯⎯⎯⎯⎯⎯⎯⎯⎯⎯⎯⎯⎯⎯⎯
⎯⎯⎯⎯⎯⎯⎯⎯⎯⎯⎯⎯⎯⎯⎯⎯⎯⎯⎯   ○ ⎯⎯⎯⎯⎯⎯⎯⎯⎯⎯⎯⎯⎯⎯⎯
⎯⎯⎯⎯⎯⎯⎯⎯⎯⎯⎯⎯⎯⎯⎯⎯⎯⎯⎯   ○ ⎯⎯⎯⎯⎯⎯⎯⎯⎯⎯⎯⎯⎯⎯⎯

06 Fri. May 6, 2022

⎯⎯⎯⎯⎯⎯⎯⎯⎯⎯⎯⎯⎯⎯⎯⎯⎯⎯⎯⎯⎯⎯⎯⎯⎯⎯⎯⎯⎯⎯
⎯⎯⎯⎯⎯⎯⎯⎯⎯⎯⎯⎯⎯⎯⎯⎯⎯⎯⎯   ○ ⎯⎯⎯⎯⎯⎯⎯⎯⎯⎯⎯⎯⎯⎯⎯
⎯⎯⎯⎯⎯⎯⎯⎯⎯⎯⎯⎯⎯⎯⎯⎯⎯⎯⎯   ○ ⎯⎯⎯⎯⎯⎯⎯⎯⎯⎯⎯⎯⎯⎯⎯
⎯⎯⎯⎯⎯⎯⎯⎯⎯⎯⎯⎯⎯⎯⎯⎯⎯⎯⎯   ○ ⎯⎯⎯⎯⎯⎯⎯⎯⎯⎯⎯⎯⎯⎯⎯
⎯⎯⎯⎯⎯⎯⎯⎯⎯⎯⎯⎯⎯⎯⎯⎯⎯⎯⎯   ○ ⎯⎯⎯⎯⎯⎯⎯⎯⎯⎯⎯⎯⎯⎯⎯
⎯⎯⎯⎯⎯⎯⎯⎯⎯⎯⎯⎯⎯⎯⎯⎯⎯⎯⎯   ○ ⎯⎯⎯⎯⎯⎯⎯⎯⎯⎯⎯⎯⎯⎯⎯
⎯⎯⎯⎯⎯⎯⎯⎯⎯⎯⎯⎯⎯⎯⎯⎯⎯⎯⎯   ○ ⎯⎯⎯⎯⎯⎯⎯⎯⎯⎯⎯⎯⎯⎯⎯
⎯⎯⎯⎯⎯⎯⎯⎯⎯⎯⎯⎯⎯⎯⎯⎯⎯⎯⎯   ○ ⎯⎯⎯⎯⎯⎯⎯⎯⎯⎯⎯⎯⎯⎯⎯
⎯⎯⎯⎯⎯⎯⎯⎯⎯⎯⎯⎯⎯⎯⎯⎯⎯⎯⎯   ○ ⎯⎯⎯⎯⎯⎯⎯⎯⎯⎯⎯⎯⎯⎯⎯
⎯⎯⎯⎯⎯⎯⎯⎯⎯⎯⎯⎯⎯⎯⎯⎯⎯⎯⎯   ○ ⎯⎯⎯⎯⎯⎯⎯⎯⎯⎯⎯⎯⎯⎯⎯
⎯⎯⎯⎯⎯⎯⎯⎯⎯⎯⎯⎯⎯⎯⎯⎯⎯⎯⎯   ○ ⎯⎯⎯⎯⎯⎯⎯⎯⎯⎯⎯⎯⎯⎯⎯

07 Sat. May 7, 2022   **08** Sun. May 8, 2022

09 Mon. May 9, 2022

○
○
○
○
○
○
○
○
○
○
○

10 Tue. May 10, 2022

○
○
○
○
○
○
○
○
○
○
○

11 Wed. May 11, 2022

○
○
○
○
○
○
○
○
○
○
○

12 Thu. May 12, 2022

○
○
○
○
○
○
○
○
○
○

13 Fri. May 13, 2022

○
○
○
○
○
○
○
○
○
○

14 Sat. May 14, 2022

15 Sun. May 15, 2022

16 Mon. May 16, 2022

○
○
○
○
○
○
○
○
○
○

17 Tue. May 17, 2022

○
○
○
○
○
○
○
○
○
○

18 Wed. May 18, 2022

○
○
○
○
○
○
○
○
○
○

19 | Thu. May 19, 2022

○
○
○
○
○
○
○
○
○
○

20 | Fri. May 20, 2022

○
○
○
○
○
○
○
○
○
○

21 | Sat. May 21, 2022

22 | Sun. May 22, 2022

23 Mon. May 23, 2022

○
○
○
○
○
○
○
○
○
○

24 Tue. May 24, 2022

○
○
○
○
○
○
○
○
○
○

25 Wed. May 25, 2022

○
○
○
○
○
○
○
○
○
○

26 Thu. May 26, 2022

○
○
○
○
○
○
○
○
○
○

27 Fri. May 27, 2022

○
○
○
○
○
○
○
○
○
○

28 Sat. May 28, 2022

29 Sun. May 29, 2022

June

2022

Sunday	Monday	Tuesday	Wednesday
			1
5	6	7	8
12	13	14	15
19	20	21	22
26	27	28	29

"Do one thing every day that scares you."- Eleanor Roosevelt

Thursday 2	Friday 3	Saturday 4	Notes
9	10	11	
16	17	18	
23	24	25	
30			

30 Mon. May 30, 2022

○
○
○
○
○
○
○
○
○
○

31 Tue. May 31, 2022

○
○
○
○
○
○
○
○
○
○

01 Wed. Jun 1, 2022

○
○
○
○
○
○
○
○
○
○

02 Thu. Jun 2, 2022

○
○
○
○
○
○
○
○
○
○

03 Fri. Jun 3, 2022

○
○
○
○
○
○
○
○
○
○

04 Sat. Jun 4, 2022

05 Sun. Jun 5, 2022

06 Mon. Jun 6, 2022

_____ ○ _____
_____ ○ _____
_____ ○ _____
_____ ○ _____
_____ ○ _____
_____ ○ _____
_____ ○ _____
_____ ○ _____
_____ ○ _____
_____ ○ _____

07 Tue. Jun 7, 2022

_____ ○ _____
_____ ○ _____
_____ ○ _____
_____ ○ _____
_____ ○ _____
_____ ○ _____
_____ ○ _____
_____ ○ _____
_____ ○ _____
_____ ○ _____

08 Wed. Jun 8, 2022

_____ ○ _____
_____ ○ _____
_____ ○ _____
_____ ○ _____
_____ ○ _____
_____ ○ _____
_____ ○ _____
_____ ○ _____
_____ ○ _____
_____ ○ _____

09 Thu. Jun 9, 2022

○
○
○
○
○
○
○
○
○
○

10 Fri. Jun 10, 2022

○
○
○
○
○
○
○
○
○
○

11 Sat. Jun 11, 2022

12 Sun. Jun 12, 2022

13 Mon. Jun 13, 2022

○
○
○
○
○
○
○
○
○
○

14 Tue. Jun 14, 2022

○
○
○
○
○
○
○
○
○
○

15 Wed. Jun 15, 2022

○
○
○
○
○
○
○
○
○
○

16 Thu. Jun 16, 2022

17 Fri. Jun 17, 2022

18 Sat. Jun 18, 2022

19 Sun. Jun 19, 2022

20 Mon. Jun 20, 2022 ——————————————

- ○ ——————————
- ○ ——————————
- ○ ——————————
- ○ ——————————
- ○ ——————————
- ○ ——————————
- ○ ——————————
- ○ ——————————
- ○ ——————————
- ○ ——————————

21 Tue. Jun 21, 2022 ——————————————

- ○ ——————————
- ○ ——————————
- ○ ——————————
- ○ ——————————
- ○ ——————————
- ○ ——————————
- ○ ——————————
- ○ ——————————
- ○ ——————————
- ○ ——————————

22 Wed. Jun 22, 2022 ——————————————

- ○ ——————————
- ○ ——————————
- ○ ——————————
- ○ ——————————
- ○ ——————————
- ○ ——————————
- ○ ——————————
- ○ ——————————
- ○ ——————————
- ○ ——————————

23 Thu. Jun 23, 2022

○
○
○
○
○
○
○
○
○
○

24 Fri. Jun 24, 2022

○
○
○
○
○
○
○
○
○
○

25 Sat. Jun 25, 2022

26 Sun. Jun 26, 2022

27 Mon. Jun 27, 2022

○
○
○
○
○
○
○
○
○
○

28 Tue. Jun 28, 2022

○
○
○
○
○
○
○
○
○
○

29 Wed. Jun 29, 2022

○
○
○
○
○
○
○
○
○
○

30 Thu. Jun 30, 2022

○
○
○
○
○
○
○
○
○
○

01 Fri. Jul 1, 2022

○
○
○
○
○
○
○
○
○
○

02 Sat. Jul 2, 2022

03 Sun. Jul 3, 2022

July 2022

Sunday	Monday	Tuesday	Wednesday
3	4	5	6
10	11	12	13
17	18	19	20
24 31	25	26	27

"It's no use going back to yesterday, because I was a different person then." - Lewis Carroll

Thursday	Friday	Saturday	Notes
	1	2	
7	8	9	
14	15	16	
21	22	23	
28	29	30	

04 Mon. Jul 4, 2022

○
○
○
○
○
○
○
○
○
○

05 Tue. Jul 5, 2022

○
○
○
○
○
○
○
○
○
○

06 Wed. Jul 6, 2022

○
○
○
○
○
○
○
○
○
○

07 Thu. Jul 7, 2022

_____

_____ ○ _____
_____ ○ _____
_____ ○ _____
_____ ○ _____
_____ ○ _____
_____ ○ _____
_____ ○ _____
_____ ○ _____
_____ ○ _____
_____ ○ _____

08 Fri. Jul 8, 2022

_____

_____ ○ _____
_____ ○ _____
_____ ○ _____
_____ ○ _____
_____ ○ _____
_____ ○ _____
_____ ○ _____
_____ ○ _____
_____ ○ _____
_____ ○ _____

09 Sat. Jul 9, 2022

_____
_____
_____
_____
_____
_____
_____
_____
_____
_____

10 Sun. Jul 10, 2022

_____
_____
_____
_____
_____
_____
_____
_____
_____
_____

11 Mon. Jul 11, 2022

- ○
- ○
- ○
- ○
- ○
- ○
- ○
- ○
- ○
- ○

12 Tue. Jul 12, 2022

- ○
- ○
- ○
- ○
- ○
- ○
- ○
- ○
- ○
- ○

13 Wed. Jul 13, 2022

- ○
- ○
- ○
- ○
- ○
- ○
- ○
- ○
- ○
- ○

14 Thu. Jul 14, 2022

○
○
○
○
○
○
○
○
○
○

15 Fri. Jul 15, 2022

○
○
○
○
○
○
○
○
○
○

16 Sat. Jul 16, 2022

17 Sun. Jul 17, 2022

18 Mon. Jul 18, 2022

○
○
○
○
○
○
○
○
○
○

19 Tue. Jul 19, 2022

○
○
○
○
○
○
○
○
○
○

20 Wed. Jul 20, 2022

○
○
○
○
○
○
○
○
○
○

21 Thu. Jul 21, 2022

22 Fri. Jul 22, 2022

23 Sat. Jul 23, 2022

24 Sun. Jul 24, 2022

25 Mon. Jul 25, 2022 ——————————

——————————   ○ ——————————
——————————   ○ ——————————
——————————   ○ ——————————
——————————   ○ ——————————
——————————   ○ ——————————
——————————   ○ ——————————
——————————   ○ ——————————
——————————   ○ ——————————
——————————   ○ ——————————
——————————   ○ ——————————

26 Tue. Jul 26, 2022 ——————————

——————————   ○ ——————————
——————————   ○ ——————————
——————————   ○ ——————————
——————————   ○ ——————————
——————————   ○ ——————————
——————————   ○ ——————————
——————————   ○ ——————————
——————————   ○ ——————————
——————————   ○ ——————————
——————————   ○ ——————————

27 Wed. Jul 27, 2022 ——————————

——————————   ○ ——————————
——————————   ○ ——————————
——————————   ○ ——————————
——————————   ○ ——————————
——————————   ○ ——————————
——————————   ○ ——————————
——————————   ○ ——————————
——————————   ○ ——————————
——————————   ○ ——————————
——————————   ○ ——————————

28 Thu. Jul 28, 2022

○
○
○
○
○
○
○
○
○
○

29 Fri. Jul 29, 2022

○
○
○
○
○
○
○
○
○
○

30 Sat. Jul 30, 2022

31 Sun. Jul 31, 2022

August 2022

Sunday	Monday	Tuesday	Wednesday
	1	2	3
7	8	9	10
14	15	16	17
21	22	23	24
28	29	30	31

"Do what you feel in your heart to be right - for you'll be criticized anyway."- Eleanor Roosevelt

Thursday 4	Friday 5	Saturday 6	Notes
11	12	13	
18	19	20	
25	26	27	

01 Mon. Aug 1, 2022 _____

_____ ○ _____
_____ ○ _____
_____ ○ _____
_____ ○ _____
_____ ○ _____
_____ ○ _____
_____ ○ _____
_____ ○ _____
_____ ○ _____
_____ ○ _____

02 Tue. Aug 2, 2022 _____

_____ ○ _____
_____ ○ _____
_____ ○ _____
_____ ○ _____
_____ ○ _____
_____ ○ _____
_____ ○ _____
_____ ○ _____
_____ ○ _____
_____ ○ _____

03 Wed. Aug 3, 2022 _____

_____ ○ _____
_____ ○ _____
_____ ○ _____
_____ ○ _____
_____ ○ _____
_____ ○ _____
_____ ○ _____
_____ ○ _____
_____ ○ _____
_____ ○ _____

04 Thu. Aug 4, 2022

○
○
○
○
○
○
○
○
○
○

05 Fri. Aug 5, 2022

○
○
○
○
○
○
○
○
○
○

06 Sat. Aug 6, 2022

07 Sun. Aug 7, 2022

08 Mon. Aug 8, 2022

○
○
○
○
○
○
○
○
○
○

09 Tue. Aug 9, 2022

○
○
○
○
○
○
○
○
○
○

10 Wed. Aug 10, 2022

○
○
○
○
○
○
○
○
○
○

11 Thu. Aug 11, 2022

---

12 Fri. Aug 12, 2022

---

13 Sat. Aug 13, 2022

14 Sun. Aug 14, 2022

15 Mon. Aug 15, 2022

○
○
○
○
○
○
○
○
○
○

16 Tue. Aug 16, 2022

○
○
○
○
○
○
○
○
○
○

17 Wed. Aug 17, 2022

○
○
○
○
○
○
○
○
○
○

18 Thu. Aug 18, 2022

○
○
○
○
○
○
○
○
○
○

19 Fri. Aug 19, 2022

○
○
○
○
○
○
○
○
○
○

20 Sat. Aug 20, 2022

21 Sun. Aug 21, 2022

22 Mon. Aug 22, 2022 ——————————

———————— ○ ————————
———————— ○ ————————
———————— ○ ————————
———————— ○ ————————
———————— ○ ————————
———————— ○ ————————
———————— ○ ————————
———————— ○ ————————
———————— ○ ————————
———————— ○ ————————

23 Tue. Aug 23, 2022 ——————————

———————— ○ ————————
———————— ○ ————————
———————— ○ ————————
———————— ○ ————————
———————— ○ ————————
———————— ○ ————————
———————— ○ ————————
———————— ○ ————————
———————— ○ ————————
———————— ○ ————————

24 Wed. Aug 24, 2022 ——————————

———————— ○ ————————
———————— ○ ————————
———————— ○ ————————
———————— ○ ————————
———————— ○ ————————
———————— ○ ————————
———————— ○ ————————
———————— ○ ————————
———————— ○ ————————
———————— ○ ————————

25 Thu. Aug 25, 2022

○
○
○
○
○
○
○
○
○
○

26 Fri. Aug 26, 2022

○
○
○
○
○
○
○
○
○
○

27 Sat. Aug 27, 2022

28 Sun. Aug 28, 2022

29 Mon. Aug 29, 2022

○
○
○
○
○
○
○
○
○
○

30 Tue. Aug 30, 2022

○
○
○
○
○
○
○
○
○
○

31 Wed. Aug 31, 2022

○
○
○
○
○
○
○
○
○
○

For a better month view this page is left blank.

September 2022

Sunday	Monday	Tuesday	Wednesday
4	5	6	7
11	12	13	14
18	19	20	21
25	26	27	28

"Happiness is not something ready made. It comes from your own actions." - Dalai Lama XIV

Thursday 1	Friday 2	Saturday 3	Notes
8	9	10	
15	16	17	
22	23	24	
29	30		

For a better week view this page is left blank.

01 Thu. Sep 1, 2022

_____

_____   ○ _____
_____   ○ _____
_____   ○ _____
_____   ○ _____
_____   ○ _____
_____   ○ _____
_____   ○ _____
_____   ○ _____
_____   ○ _____
_____   ○ _____

02 Fri. Sep 2, 2022

_____

_____   ○ _____
_____   ○ _____
_____   ○ _____
_____   ○ _____
_____   ○ _____
_____   ○ _____
_____   ○ _____
_____   ○ _____
_____   ○ _____
_____   ○ _____

03 Sat. Sep 3, 2022   **04** Sun. Sep 4, 2022

05 Mon. Sep 5, 2022 ⸺

⸺ ○ ⸺
⸺ ○
⸺ ○ ⸺
⸺ ○
⸺ ○ ⸺
⸺ ○
⸺ ○ ⸺
⸺ ○
⸺ ○ ⸺
⸺ ○

06 Tue. Sep 6, 2022 ⸺

⸺ ○ ⸺
⸺ ○
⸺ ○ ⸺
⸺ ○
⸺ ○ ⸺
⸺ ○
⸺ ○ ⸺
⸺ ○
⸺ ○ ⸺
⸺ ○

07 Wed. Sep 7, 2022 ⸺

⸺ ○ ⸺
⸺ ○
⸺ ○ ⸺
⸺ ○
⸺ ○ ⸺
⸺ ○
⸺ ○ ⸺
⸺ ○
⸺ ○ ⸺
⸺ ○

08 Thu. Sep 8, 2022

○
○
○
○
○
○
○
○
○
○

09 Fri. Sep 9, 2022

○
○
○
○
○
○
○
○
○
○

10 Sat. Sep 10, 2022

11 Sun. Sep 11, 2022

12 Mon. Sep 12, 2022

○
○
○
○
○
○
○
○
○
○

13 Tue. Sep 13, 2022

○
○
○
○
○
○
○
○
○
○

14 Wed. Sep 14, 2022

○
○
○
○
○
○
○
○
○
○

15 Thu. Sep 15, 2022

○
○
○
○
○
○
○
○
○
○

16 Fri. Sep 16, 2022

○
○
○
○
○
○
○
○
○
○

17 Sat. Sep 17, 2022

18 Sun. Sep 18, 2022

19 Mon. Sep 19, 2022

○
○
○
○
○
○
○
○
○
○

20 Tue. Sep 20, 2022

○
○
○
○
○
○
○
○
○
○

21 Wed. Sep 21, 2022

○
○
○
○
○
○
○
○
○
○

22 Thu. Sep 22, 2022

○
○
○
○
○
○
○
○
○
○

23 Fri. Sep 23, 2022

○
○
○
○
○
○
○
○
○
○

24 Sat. Sep 24, 2022

25 Sun. Sep 25, 2022

26 Mon. Sep 26, 2022 ————————————

——————————————— ○ ————————————
——————————————— ○ ————————————
——————————————— ○ ————————————
——————————————— ○ ————————————
——————————————— ○ ————————————
——————————————— ○ ————————————
——————————————— ○ ————————————
——————————————— ○ ————————————
——————————————— ○ ————————————
——————————————— ○ ————————————

27 Tue. Sep 27, 2022 ————————————

——————————————— ○ ————————————
——————————————— ○ ————————————
——————————————— ○ ————————————
——————————————— ○ ————————————
——————————————— ○ ————————————
——————————————— ○ ————————————
——————————————— ○ ————————————
——————————————— ○ ————————————
——————————————— ○ ————————————
——————————————— ○ ————————————

28 Wed. Sep 28, 2022 ————————————

——————————————— ○ ————————————
——————————————— ○ ————————————
——————————————— ○ ————————————
——————————————— ○ ————————————
——————————————— ○ ————————————
——————————————— ○ ————————————
——————————————— ○ ————————————
——————————————— ○ ————————————
——————————————— ○ ————————————
——————————————— ○ ————————————

29 Thu. Sep 29, 2022

○
○
○
○
○
○
○
○
○
○

30 Fri. Sep 30, 2022

○
○
○
○
○
○
○
○
○
○

01 Sat. Oct 1, 2022

02 Sun. Oct 2, 2022

October

2022

Sunday	Monday	Tuesday	Wednesday
2	3	4	5
9	10	11	12
16	17	18	19
23	24	25	26
30	31		

"Magic is believing in yourself. If you can make that happen, you can make anything happen." - Johann Wolfgang Von Goethe

Thursday	Friday	Saturday	Notes
		1	
6	7	8	
13	14	15	
20	21	22	
27	28	29	

03 Mon. Oct 3, 2022

04 Tue. Oct 4, 2022

05 Wed. Oct 5, 2022

06 Thu. Oct 6, 2022

○
○
○
○
○
○
○
○
○
○

07 Fri. Oct 7, 2022

○
○
○
○
○
○
○
○
○
○

08 Sat. Oct 8, 2022

09 Sun. Oct 9, 2022

10 Mon. Oct 10, 2022

———————————————————

- ○ ———————————
- ○ ———————————
- ○ ———————————
- ○ ———————————
- ○ ———————————
- ○ ———————————
- ○ ———————————
- ○ ———————————
- ○ ———————————
- ○ ———————————

11 Tue. Oct 11, 2022

———————————————————

- ○ ———————————
- ○ ———————————
- ○ ———————————
- ○ ———————————
- ○ ———————————
- ○ ———————————
- ○ ———————————
- ○ ———————————
- ○ ———————————
- ○ ———————————

12 Wed. Oct 12, 2022

———————————————————

- ○ ———————————
- ○ ———————————
- ○ ———————————
- ○ ———————————
- ○ ———————————
- ○ ———————————
- ○ ———————————
- ○ ———————————
- ○ ———————————
- ○ ———————————

13 Thu. Oct 13, 2022 _____

_____   ○ _____
_____   ○
_____   ○ _____
_____   ○
_____   ○
_____   ○
_____   ○
_____   ○
_____   ○
_____   ○

14 Fri. Oct 14, 2022 _____

_____   ○ _____
_____   ○
_____   ○ _____
_____   ○
_____   ○
_____   ○
_____   ○
_____   ○
_____   ○
_____   ○

15 Sat. Oct 15, 2022   **16** Sun. Oct 16, 2022

_____   _____
_____   _____
_____   _____
_____   _____
_____   _____
_____   _____
_____   _____
_____   _____
_____   _____

17 Mon. Oct 17, 2022

○
○
○
○
○
○
○
○
○
○

18 Tue. Oct 18, 2022

○
○
○
○
○
○
○
○
○
○

19 Wed. Oct 19, 2022

○
○
○
○
○
○
○
○
○
○

20 Thu. Oct 20, 2022

○
○
○
○
○
○
○
○
○
○

21 Fri. Oct 21, 2022

○
○
○
○
○
○
○
○
○
○

22 Sat. Oct 22, 2022

23 Sun. Oct 23, 2022

24 Mon. Oct 24, 2022

○
○
○
○
○
○
○
○
○
○

25 Tue. Oct 25, 2022

○
○
○
○
○
○
○
○
○
○

26 Wed. Oct 26, 2022

○
○
○
○
○
○
○
○
○
○

27 Thu. Oct 27, 2022

○
○
○
○
○
○
○
○
○
○

28 Fri. Oct 28, 2022

○
○
○
○
○
○
○
○
○
○

29 Sat. Oct 29, 2022

30 Sun. Oct 30, 2022

November 2022

Sunday	Monday	Tuesday	Wednesday
		1	2
6	7	8	9
13	14	15	16
20	21	22	23
27	28	29	30

"If something is important enough, even if the odds are stacked against you, you should still do it." - Elon Musk

Thursday 3	Friday 4	Saturday 5	Notes
10	11	12	
17	18	19	
24	25	26	

31 Mon. Oct 31, 2022 ———————

○ ————————
○
○ ————————
○
○ ————————
○
○ ————————
○
○ ————————
○

01 Tue. Nov 1, 2022 ———————

○ ————————
○
○ ————————
○
○ ————————
○
○ ————————
○
○ ————————
○

02 Wed. Nov 2, 2022 ———————

○ ————————
○
○ ————————
○
○ ————————
○
○ ————————
○
○ ————————
○

03 Thu. Nov 3, 2022

○
○
○
○
○
○
○
○
○
○

04 Fri. Nov 4, 2022

○
○
○
○
○
○
○
○
○
○

05 Sat. Nov 5, 2022

06 Sun. Nov 6, 2022

07 Mon. Nov 7, 2022

○
○
○
○
○
○
○
○
○
○

08 Tue. Nov 8, 2022

○
○
○
○
○
○
○
○
○
○

09 Wed. Nov 9, 2022

○
○
○
○
○
○
○
○
○
○

10 Thu. Nov 10, 2022

○
○
○
○
○
○
○
○
○
○

11 Fri. Nov 11, 2022

○
○
○
○
○
○
○
○
○
○

12 Sat. Nov 12, 2022

13 Sun. Nov 13, 2022

14 Mon. Nov 14, 2022 ————————————

————————— ○ ——————
————————— ○
————————— ○ ——————
————————— ○
————————— ○ ——————
————————— ○
————————— ○ ——————
————————— ○
————————— ○ ——————
————————— ○

15 Tue. Nov 15, 2022 ————————————

————————— ○ ——————
————————— ○
————————— ○ ——————
————————— ○
————————— ○ ——————
————————— ○
————————— ○ ——————
————————— ○
————————— ○ ——————
————————— ○

16 Wed. Nov 16, 2022 ————————————

————————— ○ ——————
————————— ○
————————— ○ ——————
————————— ○
————————— ○ ——————
————————— ○
————————— ○ ——————
————————— ○
————————— ○ ——————
————————— ○

17 Thu. Nov 17, 2022

○
○
○
○
○
○
○
○
○
○

18 Fri. Nov 18, 2022

○
○
○
○
○
○
○
○
○
○

19 Sat. Nov 19, 2022

20 Sun. Nov 20, 2022

21 Mon. Nov 21, 2022

○
○
○
○
○
○
○
○
○
○

22 Tue. Nov 22, 2022

○
○
○
○
○
○
○
○
○
○

23 Wed. Nov 23, 2022

○
○
○
○
○
○
○
○
○
○

24 Thu. Nov 24, 2022

○
○
○
○
○
○
○
○
○
○

25 Fri. Nov 25, 2022

○
○
○
○
○
○
○
○
○
○

26 Sat. Nov 26, 2022

27 Sun. Nov 27, 2022

28 Mon. Nov 28, 2022 ———————————————

———————————————————— ○ ————————————
———————————————————— ○ ————————————
———————————————————— ○ ————————————
———————————————————— ○ ————————————
———————————————————— ○ ————————————
———————————————————— ○ ————————————
———————————————————— ○ ————————————
———————————————————— ○ ————————————
———————————————————— ○ ————————————
———————————————————— ○ ————————————

29 Tue. Nov 29, 2022 ———————————————

———————————————————— ○ ————————————
———————————————————— ○ ————————————
———————————————————— ○ ————————————
———————————————————— ○ ————————————
———————————————————— ○ ————————————
———————————————————— ○ ————————————
———————————————————— ○ ————————————
———————————————————— ○ ————————————
———————————————————— ○ ————————————
———————————————————— ○ ————————————

30 Wed. Nov 30, 2022 ———————————————

———————————————————— ○ ————————————
———————————————————— ○ ————————————
———————————————————— ○ ————————————
———————————————————— ○ ————————————
———————————————————— ○ ————————————
———————————————————— ○ ————————————
———————————————————— ○ ————————————
———————————————————— ○ ————————————
———————————————————— ○ ————————————
———————————————————— ○ ————————————

For a better month view this page is left blank.

December 2022

Sunday	Monday	Tuesday	Wednesday
4	5	6	7
11	12	13	14
18	19	20	21
25	26	27	28

"Hold the vision, trust the process." - Unknown

Thursday 1	Friday 2	Saturday 3
8	9	10
15	16	17
22	23	24
29	30	31

Notes

For a better week view this page is left blank.

01 Thu. Dec 1, 2022

○
○
○
○
○
○
○
○
○
○

02 Fri. Dec 2, 2022

○
○
○
○
○
○
○
○
○
○

03 Sat. Dec 3, 2022

04 Sun. Dec 4, 2022

05 Mon. Dec 5, 2022

_____

_____   ○ _____
_____   ○ _____
_____   ○ _____
_____   ○ _____
_____   ○ _____
_____   ○ _____
_____   ○ _____
_____   ○ _____
_____   ○ _____
_____   ○ _____

06 Tue. Dec 6, 2022

_____

_____   ○ _____
_____   ○ _____
_____   ○ _____
_____   ○ _____
_____   ○ _____
_____   ○ _____
_____   ○ _____
_____   ○ _____
_____   ○ _____
_____   ○ _____

07 Wed. Dec 7, 2022

_____

_____   ○ _____
_____   ○ _____
_____   ○ _____
_____   ○ _____
_____   ○ _____
_____   ○ _____
_____   ○ _____
_____   ○ _____
_____   ○ _____
_____   ○ _____

08 Thu. Dec 8, 2022

_____ _____
_____ ○ _____
_____ ○ _____
_____ ○ _____
_____ ○ _____
_____ ○ _____
_____ ○ _____
_____ ○ _____
_____ ○ _____
_____ ○ _____
_____ ○ _____

09 Fri. Dec 9, 2022

_____ _____
_____ ○ _____
_____ ○ _____
_____ ○ _____
_____ ○ _____
_____ ○ _____
_____ ○ _____
_____ ○ _____
_____ ○ _____
_____ ○ _____
_____ ○ _____

10 Sat. Dec 10, 2022   **11** Sun. Dec 11, 2022

12 Mon. Dec 12, 2022

○
○
○
○
○
○
○
○
○
○

13 Tue. Dec 13, 2022

○
○
○
○
○
○
○
○
○
○

14 Wed. Dec 14, 2022

○
○
○
○
○
○
○
○
○
○

15 Thu. Dec 15, 2022

○
○
○
○
○
○
○
○
○
○

16 Fri. Dec 16, 2022

○
○
○
○
○
○
○
○
○
○

17 Sat. Dec 17, 2022

18 Sun. Dec 18, 2022

19 Mon. Dec 19, 2022

○
○
○
○
○
○
○
○
○
○

20 Tue. Dec 20, 2022

○
○
○
○
○
○
○
○
○
○

21 Wed. Dec 21, 2022

○
○
○
○
○
○
○
○
○
○

22 Thu. Dec 22, 2022

○
○
○
○
○
○
○
○
○
○

23 Fri. Dec 23, 2022

○
○
○
○
○
○
○
○
○
○

24 Sat. Dec 24, 2022

25 Sun. Dec 25, 2022

26 Mon. Dec 26, 2022

○
○
○
○
○
○
○
○
○
○

27 Tue. Dec 27, 2022

○
○
○
○
○
○
○
○
○
○

28 Wed. Dec 28, 2022

○
○
○
○
○
○
○
○
○
○

29 Thu. Dec 29, 2022

○
○
○
○
○
○
○
○
○
○

30 Fri. Dec 30, 2022

○
○
○
○
○
○
○
○
○
○

31 Sat. Dec 31, 2022

01 Sun. Jan 1, 2023

SCAN ME

Made in the USA
Monee, IL
09 January 2022

88556910R00083